AF309615

PARTI SOCIALISTE

(Section Française de l'Internationale Ouvrière)

FÉDÉRATION DE LA SEINE

DOCUMENTS

Concernant le Congrès National de Nancy

et le Congrès International de Stuttgart

(AOUT 1907)

DEUXIÈME SÉANCE

DU 6e CONGRÈS DE LA FÉDÉRATION DE LA SEINE

Paris, 26 Octobre 1907

Prix : 15 centimes

Siège Social de la Fédération de la Seine
45, rue de Saintonge (3e)
Permanence tous les soirs, de 8 heures à 7 heures 1/2, sauf le Dimanche

PARTI SOCIALISTE
(Section Française de l'Internationale ouvrière)

FÉDÉRATION DE LA SEINE

DOCUMENTS

Concernant le Congrès National de Nancy

et le Congrès International de Stuttgart

(AOUT 1907)

DEUXIÈME SÉANCE

DU 6ᵉ CONGRÈS DE LA FÉDÉRATION DE LA SEINE

Paris, 26 Octobre 1907

Prix : 15 centimes

Siège Social de la Fédération de la Seine
45, rue de Saintonge (3ᵉ)
Permanence tous les soirs, de 6 heures à 7 heures 1/2, sauf le Dimanche

RAPPORT

sur les travaux du

CONGRÈS NATIONAL DE NANCY

Par le citoyen GROUSSIER

*désigné par la délégation de la Seine à ce Congrès,
pour rendre compte de son mandat collectif.*

Citoyens,

Rappeler les propositions présentées au Congrès de Nancy, relater dans leur ordre chronologique les discussions et les votes, m'a semblé être une œuvre fastidieuse faisant double emploi avec les comptes rendus publiés par le *Socialiste* et l'*Humanité* et que vous avez tous lus.

Décrire les à-côté, les incidents, les mouvements de séances, faire revivre le Congrès devant vous, eût été un travail intéressant, mais il fallait pour le mener à bien une plume plus alerte que la mienne.

Alors que la pensée socialiste est si outrageusement déformée du dehors et parfois quelque peu du dedans, j'ai cru qu'une autre tâche pouvait être tentée : examiner les diverses tendances de notre Parti sur les questions discutées ; préciser leurs divergences, depuis les nuances de pensée jusqu'aux fortes oppositions ; rechercher les caractères communs qui les harmonisent et essayer de dégager, à travers les dissemblances ou les rapprochements des affirmations et parfois l'imprécision des formules, la pensée maîtresse, dominante de notre Parti.

Sans doute je n'aurai pas réussi : mais vous m'excuserez en pensant qu'il était au moins utile de chercher à tirer pour nous-mêmes un enseignement de nos Congrès et de tenter de préciser pour les autres qui nous sommes.

Le militarisme et les conflits internationaux, les Partis Socialistes et les Syndicats, sont les deux questions essentielles qui ont été traitées.

Trois motions ont été présentées sur l'antimilitarisme : celle de la Dordogne, celle de l'Yonne et celle du Congrès de Limoges.

Tout d'abord une question préjudicielle se présente : Quelle doit être l'action du Parti en face des divers maux engendrés par le régime capitaliste : tels que le militarisme, le cléricalisme, etc.

La motion de la Dordogne répond : que le but du Parti, c'est de détruire le régime capitaliste, que c'est contre celui-ci que doivent porter tous nos efforts, la destruction de la cause entraînant nécessairement la disparition des effets.

Il est certain que nous ne devons jamais oublier le but poursuivi, mais nous ne sommes pas maîtres des questions qui se posent, ni des moments où elles se posent et le Parti, qu'il le veuille ou non, sera obligé de prendre position sur chacune, sous peine de rester en dehors de toute vie politique et sociale.

Aussi pensons-nous qu'il est nécessaire d'examiner tous les problèmes politiques, de déterminer nettement notre attitude à l'égard de chacun d'eux, tout en conservant la préoccupation constante de notre but ; nous devons tout ramener à lui, il doit guider tous nos actes.

Avec Jaurès, nous croyons que le Parti doit participer à toutes les actions, mais en nous rappro-

chant de la réserve indiquée par Delory. Sinon,
comme il l'indique, de subordonner toutes les actions
à la principale action socialiste qui est la transformation économique de la société, du moins en ten-
tant de les diriger toujours vers celle-ci.

C'est dans ces limites que l'affirmation de la motion
de la Dordogne nous paraît nécessaire.

La question des conflits internationaux peut se
présenter sous plusieurs aspects, dont deux nous
paraissent essentiels : le maintien de la paix et l'indépendance des nationalités.

Sur notre action pour le maintien de la paix, la
pensée du Parti est à peu près unanime et se différencie d'une façon absolue de celle de tous les autres Partis.

Certes, tous les républicains affirment leur désir,
leur amour de la paix, ils sont partisans de l'arbitrage entre les nations, ils essayent même de l'organiser, mais comme aucune obligation d'y recourir
n'est imposée et qu'ils se refusent à examiner comment, par quels moyens les peuples pourraient for-
cer les gouvernements à se présenter devant une cour
arbitrale, leur action en faveur de la paix est théorique, illusoire, impuissante.

Seul le Parti Socialiste veut sincèrement et pas-
sionnément la paix, puisque seul il examine, recherche les moyens de l'imposer.

Sur la nécessité d'une action efficace, tous les
socialistes sont d'accord.

Vaillant a affirmé, avec beaucoup de force, que
nous voulons par notre action coordonnée et concertée ne pas laisser naître la guerre et qu'il y avait
lieu de n'écarter aucun moyen.

C'est sur les moyens qui peuvent être employés
que quelques divergences sérieuses se sont pro-
duites.

Il semble bien cependant, quoique des critiques
très vives aient été dirigées contre certains moyens,
qu'entre ceux qui ont voté la motion de Limoges et

la plupart des partisans de la motion de la Dordogne.
le désaccord existe moins sur la possibilité d'utiliser
les moyens indiqués, que sur la nécessité ou le danger de les énumérer.

Delory, notamment, a déclaré que le Nord accepte
tous les moyens, mais qu'il considère leur énumération comme inutile et même dangereuse. C'est également là la pensée de la minorité de la Fédération
de la Seine.

Sur l'utilité de faire effort par tous les moyens
appropriés pour maintenir la paix, il y a donc unanimité parmi les socialistes.

Mais qui dit effort ne dit pas réussite. La guerre
peut ne pas être empêchée, il y a lieu de rechercher
alors quelles pourraient en être les suites et, par
conséquent, celles de notre propre action. C'est là
l'autre face essentielle du problème.

La première partie de la motion de Limoges acceptée par les partisans de la motion de la Dordogne répond à cette préoccupation, elle déclare que
« la nation et sa classe ouvrière menacée, ont le
devoir impérieux de sauvegarder leur indépendance
et leur autonomie ».

Les partisans de la motion de l'Yonne, seuls, se
refusent à envisager ce côté de la question. Ils ne
peuvent pas prétendre cependant qu'ils se désin-
téressent du sort de toutes les patries. L'attitude de
certains d'entre eux dans l'affaire du Maroc nous
montre qu'ils prennent au moins parti pour les
nations les plus faibles contre les plus puissantes.

Si, par impossible, la France attaquait la Belgique
ou la Suisse, dans le but de les conquérir, ils seraient sans doute avec la petite nation contre celle
qui veut s'en emparer, mais si au contraire toute
l'Europe se coalisait contre la France, dans le but
de se partager ses dépouilles, quel serait le socialiste de France ou d'Europe qui serait avec l'Europe contre la France ?

A l'affirmation que l'on doit défendre la nation

attaquée, Hervé répond qu'on ne le sait jamais. Cette réponse n'est pas décisive : si, après leur séparation, la Suède avait attaqué la Norvège, nul doute n'eût été possible sur la nation qu'il fallait défendre. De plus, quelles que soient les apparences, il faudrait admettre que le Parti est bien mal informé, que toute la politique européenne lui échappe complètement pour le déclarer incapable de discerner sainement quel est le pays qui, en réalité, essaie d'écraser l'autre. .

Sans doute, les partisans de la motion de l'Yonne craignent qu'aucune action ne soit tentée si l'on recherche de quel côté sont les torts. Ils pensent que si l'on veut réellement empêcher la guerre il ne faut se préoccuper d'aucune des conditions dans lesquelles celle-ci est engagée et n'avoir qu'un but, l'entraver de toute manière.

Cette thèse ne peut être admise qu'à une condition, c'est que cette action réussisse, c'est que la guerre ne puisse pas avoir lieu. Mais, pour cela, il faut avoir la certitude d'une action non seulement bilatérale, mais surtout efficace.

Vaillant se préoccupait de la bilatéralité nécessaire de l'action lorsqu'il déclarait que nous devions dire simplement et nettement au Congrès de Stuttgart : Nous irons jusque-là. Jusqu'où voudrez-vous aller ? Dites-le nous et votre réponse sera une acceptation de notre Parti.

De son côté, Guesde a fait remarquer, avec juste raison, que si la motion de l'Yonne était acceptée sans réserve, ce serait fatalement la nation la plus avancée, la plus près de réaliser le socialisme qui se laisserait écraser par la nation la plus rétrograde.

C'est là un point de vue qui mérite d'être sérieusement envisagé. Il pose une question capitale que le Parti ne peut pas éluder. Est-il sans danger pour l'avenir socialiste lui-même que des nationalités puissent être dépecées ou opprimées ?

Le socialisme international a déjà répondu. Lui,

lui seul, reconnaît les droits des nationalités, des nationalités vaincues, déchirées. Il les accueille dans ses Congrès et les considèrent : Hongrie, Finlande, Pologne, comme de véritables nations.

Les nationalités sont non seulement des faits, comme l'a dit Longuet, mais des organismes ayant une vie et un instinct qui persistent. Conquises et presqu'anéanties, elles cherchent malgré tout et toujours à reprendre leur indépendance.

Laisser écraser l'une d'elles, surtout si elle est fortement imprégnée de socialisme, c'est retarder indéfiniment la transformation sociale. L'instinct national qui n'avait plus l'occasion de s'affirmer avec force, reprend tous ses droits chez un peuple meurtri, et domine, écrase à son tour l'instinct de classe qui ne peut se développer, grandir et triompher que dans des nationalités libres.

Jaurès a exprimé une forte pensée en disant qu'il ne faut pas que le prolétariat brise la patrie, mais qu'il la socialise.

La motion de Limoges satisfait pleinement aux deux faces de la question. Hervé et Guesde, dans des sens différents lui ont reproché d'être contradictoire. C'est à notre avis une erreur.

Qu'y a-t-il de contradictoire à exposer les solutions différentes d'un même problème, la seule chose qui importe c'est de vérifier si elles sont justes. Ce qu'il faut, ce n'est pas les opposer, mais les faire rentrer dans une formule plus générale.

Le seul reproche que l'on puisse faire à cette motion, c'est que ses deux parties, vraies séparément, n'ont été que juxtaposées au lieu d'avoir été fondues dans une affirmation plus homogène et partant plus précise.

Jaurès s'est placé sur un terrain extrêmement solide et qui défie toute contradiction sérieuse, en indiquant l'arbitrage comme devant être le principal but de notre action en cas de conflit. Obliger les nations à y recourir, concerter les efforts de tous contre celle qui s'y refuse, c'est là qu'est le lien entre les deux éléments de la motion de Limoges adoptée à nouveau à Nancy.

Cette motion, dont la première partie a été votée par les partisans de la motion de la Dordogne, dont la seconde a été votée par ceux de la motion de l'Yonne, n'est pas une motion de juste milieu ou de conciliation. Pour nous, elle doit exprimer, elle exprime la synthèse de toutes les justes affirmations qui ont été formulées sur cette question si délicate et si complexe.

Nous croyons pouvoir préciser ainsi la véritable pensée de la presqu'unanimité du Parti Socialiste :

La préoccupation constante de la transformation sociale doit dominer toutes les actions du Parti, mais il ne doit rester indifférent à aucun parti politique et social ;

Il entend notamment, non pas théoriquement, mais efficacement, combattre la guerre et par tous les moyens en son pouvoir, l'empêcher d'éclater, non seulement parce qu'il ne veut pas que des vies humaines soient sacrifiées, mais aussi parce qu'il est résolument opposé à la conquête, à l'oppression, à la mutilation des nationalités ;

En cas de menace de guerre, il est fermement décidé à exercer la plus forte pression parlementaire et populaire pour obtenir que les gouvernements recourent à l'arbitrage ;

Si ceux-ci s'y refusent, les socialistes des divers pays, sans que leur action puisse avoir pour conséquence d'inférioriser une des nations, devront concerter et multiplier parallèlement leurs efforts pour empêcher les peuples de s'entr'égorger ;

Si, seul, l'un des gouvernements est assez criminel pour repousser l'arbitrage et faire envahir la nation voisine, c'est contre lui que toutes les forces prolétariennes doivent se dresser et ne reculer devant aucun moyen révolutionnaire pour entraver son attentat :

Tous les efforts doivent tendre à sauvegarder l'indépendance de la nation attaquée et qui, loyalement, désire soumettre le différend à l'arbitrage ; c'est un devoir impérieux pour la classe ouvrière de lui assurer son concours le plus absolu ;

L'idée socialiste ne peut que reculer devant le triomphe du vainqueur et les regrets des vaincus ; notre Parti n'attend la disparition des nationalités que de leur volontaire fusion, lorsqu'elles se seront librement harmonisées dans une patrie élargie : l'Humanité.

Sur la question du syndicalisme, deux points de vue ont été abordés : le côté doctrinal et le côté tactique.

Deux motions seulement étaient en présence, une motion de la Dordogne et la motion du Congrès de Limoges reprise par le Cher ; cependant trois thèses doctrinales se sont affirmées :

1° Que l'action syndicale ou corporative nécessaire pour améliorer la situation des travailleurs, ne peut qu'atténuer l'exploitation capitaliste qui ne sera détruite que par l'action politique ;

2° Que l'action syndicale ou syndicaliste pourra seule réaliser la transformation sociale ;

3° Que les actions syndicale et politique sont équivalentes et que c'est par leurs forces combinées, mais non subordonnées, que la classe ouvrière pourra s'affranchir.

On peut encore les exprimer ainsi :

1° Que l'action socialiste seule est révolutionnaire, l'action corporative ou syndicale ne pouvant être que réformiste ;

2° Que le syndicalisme seul est révolutionnaire, l'action politique n'étant que démocratique ;

3° Que le Parti Socialiste et le Syndicalisme peu-

vent avoir l'un et l'autre une action réformiste et
révolutionnaire.

Entre ces thèses peuvent évidemment se présenter d'autres opinions intermédiaires.

Nous pensons, avec Lagardelle, qu'il ne faut pas
confondre syndicalisme et corporatisme, que le mouvement syndical ne se limite plus à la défense du
salaire et à la réduction de la journée de travail.

« Le syndicalisme, dit-il, essaie d'organiser la
liberté, d'éliminer toute autorité et d'accoutumer les
ouvriers à se passer de maîtres. Plus de centralisme
étouffant, plus de pouvoir coercitif, mais un large
fédéralisme, une complète autonomie, une extrême
souplesse dans le mécanisme intérieur, un appel cons-
tant aux sentiments d'initiative, de responsabilité
et de lutte, qui transfigurent la personnalité ouvrière en lui donnant son maximum de tension et
d'énergie ». Nous sommes d'accord.

« La conquête politique, ajoute-t-il, ne donnera
pas aux ouvriers qui votent pour les candidats socialistes..... la capacité de diriger la production et
l'échange ». C'est certain.

Mais il nous permettra d'hésiter à le suivre,
lorsqu'il affirme « qu'il n'y aura pas de changement
possible tant que les ouvriers n'auront pas créé, de
leurs propres mains, tout un ensemble d'institutions
destinées à remplacer les institutions bourgeoises ».

Avec Guesde, nous lui demandons où sont actuellement, dans le monde syndical, les éléments de la
transformation sociale.

Très impartialement, nous n'apercevons pas dans
le syndicalisme, même en germe, les organismes qui,
développés, pourraient être les nouvelles institutions
de production et d'échange. Nous voyons le syndicalisme à l'égal de l'action politique, comme un instrument de lutte et non comme un organe de rem-
placement.

L'oppression capitaliste est professionnelle et lé-
gale, économique et politique ; syndicalisme et so-

cialisme l'entament, chacun sur leur terrain, avec
les armes dont ils disposent, mais il ne nous semble
pas que l'un ou l'autre puisse accomplir la transformation économique hors des organismes sociaux,
mais seulement du dedans.

De plus, comme Guesde et Vaillant l'ont affirmé
avec force, il n'est pas possible de prétendre que le
Parti n'est pas un parti de lutte de classe. La classe
ouvrière, a dit Guesde, n'est pas réduite au prolétariat purement industriel. Ce qui fait sa force, c'est
qu'elle comprend le chimiste, l'ingénieur, toutes les
activités cérébrales qui existent dans la société actuelle et qui sont en mesure d'assurer immédiate-
ment le fonctionnement de la société supérieure.

Par contre, l'un des points sur lesquels le désaccord apparût entre les partisans des deux motions,
est, comme l'a rappelé Lauche, celui relatif à la grève
générale, dont Vaillant définissait ainsi la possibilité
d'emploi : « Elle ne peut être arbitrairement dé-
crétée ; il faut des conditions, mais ces conditions
remplies, elle est appelée à devenir une arme décisive aux mains du prolétariat ».

Remarquons que ces diverses tendances ont eu une
influence certaine sur les solutions proposées, quoi-
qu'il soit possible de résoudre la question des rapports entre les Syndicats et le Parti Socialiste en
dehors de toute opinion doctrinale.

Des rapports sont-ils souhaitables entre l'organisation syndicale et l'organisation socialiste ? A la
question ainsi posée, le Parti Socialiste répond :
oui, à la presqu'unanimité. Si l'organisation syndicale faisait la même réponse, la question serait tran-
chée. Il n'y aurait plus qu'à examiner en commun
quels doivent être ces rapports.

Mais sa réponse est négative. Va-t-on essayer de
lui imposer une alliance qu'elle repousse ou va-t-on
respecter son autonomie ?

Sans doute, dans certaines régions, dans le Nord
notamment, les organisations socialistes ont toujours

conservé des rapports très étroits avec les Syndicats ouvriers et nous comprenons que ce passé les incite à défendre la solution de la Dordogne.

Mais il n'en a pas été partout de même. Dans la Seine surtout, où toutes les fractions socialistes se sont combattues pendant de si longues années et où presque toutes cherchaient à accaparer le mouvement syndical. Il en résultait une division profonde entre les organisations ouvrières et souvent dans chacune d'elles.

Les Syndicats ont réussi à constituer leur unité, encouragés dans cette œuvre nécessaire par beaucoup d'entre nous, ainsi que l'a rappelé Vaillant. Ils entendent maintenant conserver leur indépendance ; ils craignent que le Parti ne veuille subordonner leur action à sa propre action. Pouvons-nous le leur reprocher ?

Le meilleur moyen d'arriver à un rapprochement est-il d'essayer de nouer des liens avec chaque Syndicat isolément, au risque d'éveiller la défiance de l'organisme central et d'ébranler, de briser peut-être, l'unité syndicale ? N'est-il pas préférable, au contraire, de bien démontrer que le Parti n'a aucun désir de domination à l'égard du monde syndical, qu'il ne méconnait pas la valeur du syndicalisme, qu'il entend respecter strictement l'autonomie de la Confédération et d'attendre que notre loyauté, le temps et peut-être les circonstances, fassent cesser les appréhensions en partie justifiées par le passé ?

Et d'abord, nous devons espérer que la franche déclaration de Renard sera entendue des Syndicats. « Nous ne demandons pas une main-mise du Parti sur les Syndicats, a-t-il dit, moi, vieux socialiste, je n'en voudrais à aucun prix. »

Ce n'est pas seulement, comme l'a dit Marius André, sur une question d'opportunité que le Parti est divisé, c'est aussi sur une question de méthode.

Sous réserve de la valeur à donner au mot corporatif, Guesde a eu raison de dire que les travail-

leurs doivent avoir deux ateliers : l'atelier corporatif
ou le Syndicat et l'atelier politique.

Mais les travailleurs ne doivent pas plus subordonner leur action syndicale à l'action socialiste, que
celle-ci à la première, et ce serait une regrettable
faute si l'action des socialistes dans les Syndicats
pouvait être considérée comme une lutte de Parti.

Nous pouvons avoir le désir de voir améliorer,
modifier, transformer la tactique actuelle de la Confédération, les syndiqués socialistes ont le droit d'y
travailler ; mais à notre sens, les critiques contre
cette tactique ne peuvent être formulées qu'à l'intérieur même de cette organisation par des syndiqués, parlant comme syndiqués, s'identifiant avec le
mouvement syndical ; toute critique présentée dans
notre Parti, même par des syndiqués peut éveiller
de légitimes susceptibilités.

En tant que Parti Socialiste, nous n'avons pas de
contrôle à exercer sur une autre organisation et
comme l'a dit Laudier, ce n'est pas en adressant des
reproches au syndicalisme que nous préparerons une
entente avec lui.

Ce qui a permis aux anarchistes d'occuper une
large place dans la Confédération, c'est, comme le
rappelait Lagardelle, parce qu'ils se sont transfor-
més avec ce nouveau groupement, parce qu'ils ont
modifié sensiblement leur action et participé plus
activement à l'organisation méthodique de la classe
ouvrière.

Les syndiqués socialistes n'y auront la légitime influence qu'ils ont le droit de revendiquer, que si
leur action n'est point dominée par des préoccupations extérieures, que si, s'inspirant des véritables
nécessités de l'organisation syndicale, il participent
à son mouvement sans arrière-pensée et poursuivent
surtout son développement et son perfectionnement.

Si les militants agissent ainsi, comme le précisait
Dondicol, nous pourrons leur faire confiance pour
préparer le temps ou une action commune sera possible.

Une discussion connexe a eu lieu dès le début du Congrès à propos de la tribune syndicale de l'*Humanité*.

L'unanimité du Congrès a vivement regretté que de violentes attaques aient pu être dirigées dans l'*Humanité* contre l'un des nôtres, dont toute la vie n'est qu'un long effort passionné pour réaliser l'idéal socialiste ; tous, nous désirons que semblable incident ne puisse pas se renouveler, mais la majorité ne pouvait accepter la proposition de Compère-Morel tendant à ne permettre qu'aux membres du Parti de collaborer au journal.

Comme l'a indiqué Renaudel, renoncer à la collaboration des syndicalistes serait une faute lourde.

Compère-Morel a déclaré qu'il n'est pas admissible que ceux-là mêmes qui sont les adversaires déclarés de notre Parti collaborent à un organe qui lui demande des sacrifices.

Mais Jaurès lui a fait remarquer qu'en dépit de ses tendances, la Confédération va vers notre but. En prétendant l'enfermer dans une formule, nous risquerions de retarder la grande réunion de tous les syndicalistes et socialistes.

Cette collaboration, a rappelé Révelin, avait amené une forte et appréciable détente dans les rapports entre le Parti Socialiste et la Confédération et ceux mêmes qui demandent un rapprochement solide et durable entre les deux organisations devraient se réjouir de ce qui a été fait déjà dans cette voie par l'*Humanité*.

Aussi, conformément à une proposition de Renaudel, la majorité du Congrès a-t-elle approuvé la note qui avait été publiée par le Conseil d'administration du journal.

La Fédération de la Seine est très ardemment partisan de la représentation proportionnelle, soit pour le vote des motions, soit pour la composition des

Commissions ou des délégations des divers organes du Parti. Elle a très largement obtenu satisfaction.

Sur sa proposition, le Congrès a engagé toutes les Fédérations à accepter la proportionnelle comme base de leurs représentations au Congrès.

D'autre part, les votes de la section française dans les Congrès internationaux doivent être proportionnels à ceux émis dans les Congrès nationaux.

Enfin, le principe de la proportionnalité a été admis pour la nomination de la Commission Administrative du Parti.

Sur le rapport de De la Porte, il a été décidé que la proportionnalité serait basée sur les deux questions les plus importantes discutées en Congrès : antimilitarisme et syndicalisme.

Sur le syndicalisme deux motions seulement s'étaient trouvées en présence, alors que sur l'antimilitarisme trois tendances s'étaient affirmées.

On a admis que les votants de la motion de l'Yonne avaient également voté la motion du Cher et la représentation à la Commission Administrative s'est ainsi trouvée déterminée : 9 sièges pour la tendance représentée par les deux motions de la Dordogne et 13 sièges pour ceux qui ont voté les deux motions du Congrès de Limoges, parmi lesquels 3 sièges devaient être réservés à la tendance de la motion de l'Yonne.

Toutefois, dans le but de ne pas éliminer un trop grand nombre de membres sortants de la majorité, les partisans de la motion de l'Yonne n'ont choisi que deux membres pour être titulaires, étant entendu, que dès qu'un siège de la majorité deviendrait libre, le troisième candidat désigné par eux reprendrait la place qui leur appartient.

Deux questions se posent au sujet du mode de nomination.

Premièrement, doit-on choisir comme base de la proportionnelle les votes émis sur un ou plusieurs des sujets traités au Congrès national ? Ne risque-t-on pas ainsi de bouleverser chaque année la Commission Administrative sans que les tendances principales elles-mêmes se soient trouvées modifiées ?

N'y aurait-il pas lieu de rechercher une base sérieuse et durable, plutôt que d'être obligé de déterminer la représentation d'après des votes d'importance très secondaire, comme cela pourra se présenter quelquefois ?

Secondement, n'est-il pas indispensable d'organiser sérieusement ce mode de votation ?

Nous demandons au Parti et en particulier à la Fédération de la Seine, qui se trouve elle-même chaque année en face de ces difficultés, de bien vouloir les examiner et de faire un sérieux effort pour trouver avant l'année prochaine des solutions satisfaisantes.

Un autre point tranché au Congrès, a été celui de la cotisation des élus. Question secondaire par son objet, mais extrêmement importante si l'on envisage les répercussions que sa solution pouvait entraîner.

Il n'est pas douteux qu'une très forte minorité, peut-être la majorité des Fédérations, paraissait disposée à exiger une contribution égale à l'augmentation.

Mais, après un échange d'observations, dont quelques-unes parfois pénibles, le Congrès a montré un sens profond de l'intérêt bien entendu du Parti, en confirmant à une grosse majorité la décision du Conseil National, résultant elle-même d'un accord avec les élus.

Plus le Parti a montré de modération sur cette question, plus il est en droit d'exiger la stricte observation des décisions prises.

Nous espérons que tous les élus tiendront les engagements librement consentis et que le Congrès a ratifiés ; s'il en était autrement, si certains, oublieux de leurs devoirs, s'y refusaient, le Parti pourra

se montrer sévère, nulle voix ne s'élèvera pour les
défendre.

Beaucoup trop nombreuses, les autres questions
portées à l'ordre du jour ont été à peine effleurées
ou complètement écartées.

Même celles qui étaient également soumises au
Congrès de Stuttgart, telles que la politique colo-
niale, le suffrage des femmes, l'émigration et l'immi-
gration, toutes très intéressantes, n'ont donné lieu
qu'à des débats trop écourtés.

Une remarque d'ordre général s'impose. Si le Parti
veut que ses Congrès ne soient pas stériles, il faut
qu'en dehors des questions relatives à son organisation, il n'y traite qu'un ou deux points importants,
les examinant avec ampleur, sous toutes leurs faces,
avec toutes leurs conséquences et qu'il réserve absolument les questions d'ordre secondaire pour le Conseil National.

Le Parti doit, à notre avis, passer au crible de sa
discussion toute sa doctrine et toute sa tactique ; il
ne doit hésiter devant aucun examen.

Contrairement aux imputations de certains adversaires qui, par une contradiction bien singulière,
nous accusent à la fois de tolérer trop d'indépendance
de pensée et de vouloir imposer des dogmes, nous
pouvons affirmer que nous sommes un Parti de libre
discussion, décidé à ne s'incliner que devant les
preuves fournies par l'expérience et la raison ; nous
repoussons d'autant plus le dogmatisme qu'aucun
esprit éclairé ne peut plus considérer les lois scien-
tiques en général, et par conséquent les lois socio-
logiques, comme des vérités définitives, mais seulement comme des hypothèses que le génie humain
rapproche de plus en plus de l'absolue vérité.

Notre conviction sera d'autant plus ferme, notre
propagande donnera d'autant plus de résultats, que
nos conceptions auront été soumises à un débat plus

serré et que plus de contradictions se seront effon-
drées.

De plus, bien des malentendus qui existent entre
nous se dissiperaient, bien des apparences de tendances disparaîtraient.

Particulièrement, notre tactique a besoin d'être
sérieusement discutée, car elle doit pouvoir cons-
tamment s'adapter aux milieux et aux circonstances.

L'un des points qui prête le plus aux malentendus
entre les élus et les militants, c'est la tactique parlementaire. Elle a donné lieu à Nancy à quelques
escarmouches. Ne pensez-vous pas qu'il serait utile
d'entreprendre à son sujet un large et ample débat,
d'examiner les nombreux problèmes qu'elle pose,
non pas comme on le fait quelquefois pour le malin
plaisir d'être désagréable aux élus, ni avec cette
conviction préalable que tous connaissent mieux les
possibilités parlementaires que les parlementaires
eux-mêmes, mais avec le souci commun de se servir
au mieux de moyens d'action limités, parfois fort
difficiles à employer utilement et en conservant,
toujours présente, la suprême préoccupation du but
poursuivi par notre Parti.

Le rapport de la Commission Administrative Per-
manente nous a montré que nous sommes en réel
progrès ; le Congrès de Nancy a renforcé notre conviction que l'unité socialiste est plus solide que
jamais et que malgré les efforts du dehors elle est
indestructible. Les tendances les plus diverses peuvent s'opposer librement dans son sein, mais ce qui
nous réunit tous, c'est notre ardent désir de réaliser
l'émancipation de la classe ouvrière.

Qu'importe les déformations que déloyalement on
fait subir à nos décisions ; pense-t-on que la vérité
peut-être à jamais étouffée ? Qu'importe que, grâce
à la campagne menée contre nous, des sièges électo-
raux puissent momentanément nous échapper, le

Parti ne recherche les mandats que comme un moyen et non comme un but. Mais ce que l'on n'arrivera pas à arracher, c'est la conviction profonde qui existe au cœur des militants ; ce que l'on ne détruira pas c'est le dévouement inlassable de tous.

Aussi, par l'effort coordonné de l'ensemble de ses membres, manuels et intellectuels confondus, des plus humbles aux plus instruits ou aux plus éloquents, dédaigneux des outrages et des calomnies. éclairé par la beauté et la justice de son idéal. appuyé sur l'évidence des réalisations possibles, notre Parti démasquera les bas intérêts que les satisfaits abritent derrière de grands mots quand ils ne réussissent pas à les draper dans de nobles sentiments. et il poursuivra son active et incessante propagande.

En dépit des obstacles toujours renaissants, malgré les défaillances et le découragement que, hélas, elles sèment après elles, le Prolétariat continuera sa lutte. inlassable parce qu'il ne veut pas succomber sous le fardeau capitaliste. invincible parcequ'il porte en lui tout l'avenir. Déjà la conception socialiste le pénètre et l'exalte et, ramassée par sa cohésion croissante. sa force apparaît.....

RAPPORT

sur les travaux du

CONGRÈS INTERNATIONAL DE STUTTGART

Par le citoyen SEMBAT

désigné par la délégation de la Seine, pour rendre compte
de son mandat collectif.

CITOYENS,

Ma tâche est singulièrement abrégée par l'excellent rapport que Groussier vient de vous présenter sur le Congrès de Nancy. Car je n'entends pas plus que lui rééditer les comptes rendus détaillés que vous avez lus dans les journaux du Parti. Mais, de plus, je suis également dispensé de rééditer son rapport. Je n'ai donc qu'à suivre devant le Congrès international les deux grands problèmes dont il vous a si complètement exposé la discussion devant le Congrès de Nancy. Il ne s'est même pas borné à vous résumer les débats et il y a joint une analyse détaillée des principaux éléments des deux questions. Ma besogne est donc toute tracée, car j'adopte toutes ses données et je n'ai plus qu'à le prendre pour guide.

Les débats du Congrès de Stuttgart, du moins les débats intéressants, ont eu pour théâtre les Commissions, plus que les séances plénières. Autour des Commissions du Syndicalisme et de l'Antimilitarisme se concentrait l'intérêt passionné des délégués. Le compte rendu du Congrès ne pouvait donc vous être

parfaitement présenté que par un délégué ayant
fait partie des Commissions. Je n'étais membre ni
de l'une ni de l'autre et n'ai suivi leurs discussions
qu'en spectateur sans être mêlé à leurs négociations
ni à leurs mystères, écoutant sans plus ces triples
versions de chaque discours qui ne sont pas le plus
grand charme de nos Congrès internationaux et qui
font parfois désirer l'esperanto. C'était un bon pré-
texte pour me récuser. Si je n'en ai pas profité, c'est
qu'une telle tempête d'injures et d'exécrations s'est
abattue sur les Congrès de Nancy et de Stuttgart
qu'on ne saurait manquer une si belle occasion de
se déclarer solidaire des motions si copieusement
flétries.

Mais s'il manque à mon exposé quelque renseigne-
ment essentiel, j'espère que l'un des membres d'une
des Commissions, tel que le citoyen Vaillant, voudra
bien le compléter.

Prenons donc les deux solutions que le Congrès
national de Nancy avait données aux deux problèmes principaux, et suivons-les à Stuttgart.

Dès ce premier mot, il faut nous arrêter pour
signaler un premier succès de l'action socialiste
française. C'est un succès, en effet, et fort impor-
tant, que d'avoir posé devant l'Internationale ouvrière la question de l'attitude des socialistes en
cas de guerre dans les conditions que vous connaissez. Car vous savez bien avec quelle passion le
monde socialiste et les délégués de tous les pays s'y
sont intéressés. Cette grande question a, pendant le
Congrès, dominé tous les esprits. Elle a été le point
central et le pivot du Congrès de Stuttgart. C'est
elle qui lui a donné sa marque propre et son caractère.

Qui donc nierait l'importance de ce résultat ?
Personne n'ignore la répugnance et l'hésitation avec
lesquelles une bonne partie de la social-démocratie
allemande aborde ce genre de discussions. Il serait
aussi naïf de l'ignorer, qu'il serait discourtois d'en

blâmer nos camarades pour lesquels les moindres discussions sur ces sujets défendus peuvent entraîner de formidables répressions judiciaires. Il n'en est que plus significatif de constater qu'au Congrès de Stuttgart, le problème de la Guerre et des devoirs que cette tragique éventualité nous impose a été mis au premier plan des préoccupations de tous.

Ceci dit, une deuxième constatation doit être faite : celle de l'unanimité des socialistes du monde entier dans la haine et l'horreur de la guerre. Tous, ils considèrent comme un devoir absolu et impérieux de faire, pour empêcher la guerre, leur maximum d'efforts. Tous, également, sont convaincus que les armées actuelles ont pour rôle principal la défense du régime économique présent contre les attaques du prolétariat. Ainsi, l'unanimité que Groussier vous montrait à Nancy contre la guerre, nous l'avons retrouvée à Stuttgart et, par suite, nous pouvons affirmer et prouver par les faits que la plus solide garantie de la paix internationale c'est la volonté unanime et réfléchie des travailleurs du monde entier.

Cette volonté restera-t-elle inactive et inefficace ? Tout le monde sait que non. Les décisions du Congrès de Stuttgart sont désormais la loi pour tous. La social-démocratie allemande, en particulier, et c'est un juste hommage à lui rendre, est d'autant plus fidèle à exécuter les ordres des Congrès internationaux, qu'elle est plus réfléchie et plus prudente avant de s'engager. Si elle s'obstine avec tant de scrupule à mesurer d'avance la portée de son effort et de ses engagements, c'est qu'elle ne veut décevoir personne et qu'elle est résolue à n'y pas faillir. Des organisations nationales où le socialisme grouperait seulement quelques milliers de militants hardis et remuants, très en avance sur la masse de leurs concitoyens, se porteraient facilement à des démonstrations audacieuses, à des initiatives pleines d'entrain. Leurs résolutions n'engageraient qu'eux, c'est-

à-dire fort peu de monde. La social-démocratie allemande est plus lourde à se mouvoir parce qu'elle est
une puissante masse. Trois millions d'hommes ne
s'électrisent pas comme un groupe de cent cinquante
camarades. Mais nous étions sûrs, en quittant le
Congrès, que tout ce qu'avait promis le Parti Socialiste allemand serait tenu et rigoureusement exé-
cuté.

Laissez-moi ajouter tout de suite que, depuis le
Congrès, nous en avons eu la preuve en plusieurs
circonstances. Je ne citerai que le procès intenté au
camarade Liebknecht pour antimilitarisme et les
démonstrations extrêmement significatives auxquelles il a donné lieu.

Nos camarades socialistes seront d'ailleurs aidés
dans leur propagande antimilitariste par un élé-
ment tout nouveau. C'est que l'Allemagne entière,
non pas seulement les socialistes, mais l'ensemble
de la nation, sait que la France qu'on lui représen-
tait comme entêtée de gloire militaire et avide de
revanche, est au contraire, dans les masses profondes
de son peuple ouvrier et paysan, résolument enne-
mie de la guerre. La propagande socialiste aura du
moins eu ce mérite incontestable de mettre ce grand
fait en pleine évidence et, malgré les mensonges des
gouvernants français et allemands, de faire éclater
à tous les yeux la vérité.

Le rapporteur du Congrès de Stuttgart est obligé
de souligner ce point parce qu'il réfute une objection
qui fut opposée dans la Commission de l'antimilitarisme aux défenseurs de la motion votée par notre
Congrès de Nancy. « Prenez garde ! leur disait-
on, votre propagande, loin de fortifier la paix, ne
risque-t-elle pas de l'affaiblir ? Et si les chauvins
et les fauteurs de guerre d'une nation voient une
nation voisine paralysée par cette propagande, ne
seront-ils pas plus disposés à l'attaquer ? ». La
réponse la plus topique est fournie par les faits. En
fait, la façon la plus habile et la plus efficace pour

exciter un peuple à la guerre contre un autre, est
de lui présenter ce voisin comme préméditant lui-
même une agression. Désormais on ne pourra plus
faire croire nulle part que la France attend l'heure
de se ruer à la conquête. Par là, l'esprit de paix
dans le monde, et en particulier en Europe, se trouve
fortifié.

On ne saurait, dans le cadre modeste de ce rapport, passer en revue tous les arguments échangés
à Stuttgart. Ce serait une tâche trop longue et pour-
tant singulièrement instructive. Elle nous révèle-
rait un état d'esprit qui nous paraît surprenant.
J'ai entendu avec surprise l'un des hommes les plus
justement estimés de la social-démocratie, affirmer
que la guerre serait pratiquement si difficile qu'on
pourrait presque la dire impossible. Il dénombrait
toutes ces difficultés : masse énorme de combat-
tants ; prodigieuse quantité de vivres nécessaires ;
dépenses excédant tous les crédits nationaux ; mul-
titude épouvantable de cadavres. Ces prophéties ne
sont-elles pas contredites avec une précision tragique par la récente guerre des Japonais et des
Russes ? De même, espérer après la victoire un
soulèvement chez la nation victorieuse, c'est peut-
être oublier le prestige et l'autorité que les triom-
phes guerriers donnent aux gouvernements mili-
taires, car la victoire les raffermit, loin de les ébranler, et les rend plus capables de tyrannie.

Si, à Stuttgart, le sentiment général des socialistes a condamné la guerre et a posé pour tous la
loi de lutter contre ce fléau, il va sans dire que le
même sentiment qui nous faisait condamner la
guerre nous a fait également condamner les con-
quêtes. C'est pourquoi le Congrès a affirmé l'indépendance des nations et le droit de chaque groupe
national à se développer sans contrainte extérieure.
A Stuttgart, comme à Nancy, ce point capital a été
souligné comme il le fallait. Quant à dire que les
nations diverses ne peuvent coexister sans se battre

ce serait nier la possibilité pour la Saxe, la Prusse, la Bavière de vivre ensemble dans l'Allemagne, et pour les Bretons, les Provençaux et les Auvergnats d'être en France de très pacifiques compatriotes.

Comme application et conséquence de sa répudiation de toute politique agressive et conquérante, le Congrès de Stuttgart, sur l'initiative de la délégation française et de la délégation espagnole, a condamné les opérations de guerre actuellement poursuivies autour de Casablanca. Il a mis en demeure les Partis Socialistes d'Espagne et de France d'agir énergiquement contre toute expédition au Maroc entreprise par leurs gouvernements, et de concerter leurs efforts. Quelle plus belle et plus significative application de la doctrine de l'Internationale ouvrière ? C'est en même temps la preuve expérimentale que les divergences et les réserves relatives aux moyens ne nous empêchent pas d'avoir, en face d'un cas précis, une action commune et une attitude identique.

Quant à ces divergences sur les moyens, vous savez par quelle rédaction le Congrès de Stuttgart a voulu les fondre. Une considération étrangère au fond même de la controverse, mais d'une extrême gravité, avait été soulevée devant la Commission : celle des conséquences possibles, pour nos camarades allemands, de l'adoption par le Congrès de certains textes, et, en particulier, des formules de Nancy. Un Comité de jurisconsultes, chargé de l'examen juridique de la question, émit l'avis qu'avec l'inscription dans la motion votée des mots de grève générale et d'insurrection, l'éventualité de poursuites apparaissait.

Dans ces conditions, personne ne pouvait songer à une rédaction pouvant entraîner pour nos camarades et hôtes de pareilles suites. Le citoyen Jaurès proposa d'employer la méthode historique et d'énumérer les divers moyens de lutte employés par le prolétariat dans le passé. Parmi ces moyens, l'histoire révolutionnaire de la Russie, de la Suède et de la Norvège offre des exemples de soulèvements en masse, d'insurrection et de grève générale. En visant ces actions de masse, à titre de faits historiques, on évitait de donner prise à des répressions. La Commission adopta cette méthode. En outre, il fut convenu que Vandervelde, rapporteur, prononcerait expressément dans son discours, les mots de grève générale et d'insurrection.

C'est ce qui eut lieu. Les mots furent prononcés par Vandervelde, mais ils ne figurent pas dans le texte de la résolution votée.

Faut-il dire que cela revient au même ? Ce rapport perdrait, si je l'affirmais, le caractère objectif qu'il doit avoir et que j'entends lui maintenir. La preuve que cela ne revient pas au même, résulte de la protestation élevée par Hervé à la tribune même du Congrès, et des déclarations ultérieures de Bebel distinguant et différenciant l'opinion de Vandervelde et la formule adoptée par le Congrès.

Arrivons à la seconde des grandes questions posées au Congrès de Stuttgart, celle des rapports du Parti et des Syndicats.

Groussier vous a lumineusement exposé les diverses thèses qui, chez nous, s'opposent. Son analyse même, vous a fait prévoir que dans les autres pays, vous ne les retrouveriez pas toutes. Il vous montrait, en effet, en prenant la Seine pour exemple, les conséquences des divisions socialistes quant à l'autonomie du mouvement syndical. Là donc, où ces divisions n'ont pas existé ou bien ont disparu depuis longtemps, le besoin d'autonomie syndicale ne s'est pas fait sentir fortement jusqu'ici. Dans beaucoup d'endroits, les relations entre le Parti Socialiste et les Syndicats sont établies. Dans d'autres, on s'efforce de les établir. La première des thèses classées par Groussier, celle qui affirme que l'action syndicale est impuissante à changer la base même de la société présente et que cette œuvre ne peut s'ac-

complir que par la lutte politique, cette première
thèse est donc en bien des pays prédominante et dans
la plupart des sections de l'Internationale ouvrière
les rapports intimes entre le Parti et les Syndicats
sont un fait acquis ou un idéal poursuivi.

Le Congrès de Stuttgart a donc affirmé la nécessité de ces rapports. Comment s'en étonner ? Un
grand nombre de socialistes français pensent avec
la majorité du Congrès de Nancy que les circonstances historiques du développement politique et
économique de notre pays imposent à notre Parti.
vis-à-vis de la Confédération Générale du Travail.
la plus grande réserve et lui prescrivent de ne rien
faire qui puisse sembler une main mise sur le mouvement syndical ou une atteinte à l'unité économique constituée au prix de si longs efforts. Certains
pensent en outre que les Syndicats groupés en un
puissant organisme sont autre chose et mieux qu'un
outil de lutte corporative et qu'ils sont un instrument
de premier ordre pour la destruction du régime capitaliste et l'organisation du régime socialiste.

Mais ceux qui professent ces idées, ceux qui pré-
voient tôt ou tard, dans tous les pays, les Syndicats arriveront à former une organisation économique
indépendante de l'organisation politique. ceux-là
pouvaient-ils s'attendre à rencontrer ces idées chez
les camarades d'autres contrées dans lesquelles rien
ne s'est produit d'analogue à ce qui s'est passé chez
nous ? L'illusion serait grande. puisque nous sommes avertis par les difficultés qui ont surgi sur le
terrain économique entre la Confédération Générale
du Travail de France et les organisations similaires
de l'étranger. Quand la Confédération Générale re-
nonce à participer aux conférences internationales
des organisations syndicales du monde entier, comment aurions-nous pu ne pas nous heurter à des
résistances de même ordre. mais centuplées, au Congrès de Stuttgart ?

La majorité du Congrès a donc adopté une motion

qui s'inspire d'un esprit opposé à celui de notre motion de Nancy. Les délégués de la majorité française avaient tenté de faire introduire dans le rapport des réserves constatant la situation particulière de la France. Le texte du rapport ne les contenant pas, nous avons explicitement formulé ces réserves à la tribune du Congrès, déclarant, au nom de la majorité de la section française, que les conditions historiques du développement du Parti Socialiste et des Syndicats en France nous dictaient l'attitude prescrite par le Congrès de Nancy.

Nous n'avons ni demandé acte, ni exigé un vote, parce que c'était une simple constatation de fait. Quant à vous affirmer que nous avons obtenu par la simple phrase énonçant ces réserves la même satisfaction théorique et pratique que par le vote d'une résolution expresse, c'est ce que mon rôle de rapporteur impartial ne me permet pas.

En terminant, camarades, permettez-moi de constater, comme je le faisais tout à l'heure à propos du Maroc, que c'est par l'action quotidienne et l'effort pratique de tous que nous arriverons à dépasser, à effacer même souvent nos divergences. La valeur socialiste des résolutions votées dans nos Congrès est bien mieux affirmée par des actes que par des discours, et par les actes mêmes de nos ennemis tout comme par les nôtres. N'est-ce pas un magnifique éloge, que ce torrent d'invectives et d'opprobres vomi par tant de bouches contre notre Parti depuis Nancy et depuis Stuttgart ? Soyons dignes de telles insultes et prouvons que de si flatteurs outrages n'étaient point au-dessus de nos mérites. Nous ne saurions avoir d'ambition plus haute.

DISCOURS DU CITOYEN VAILLANT

relatif au Congrès de Stuttgart

Le citoyen Sembat vous a dit ce qui s'était passé au Congrès et m'a demandé de vous dire ce qui s'était passé à la Commission antimilitariste dont je faisais partie. Les débats de cette Commission ayant été publiés par la presse socialiste, vous les connaissez tout aussi bien que ceux du Congrès. Je vous en dirai donc peu de chose.

Si, dans la défense de leurs propositions, les représentants des diverses nations socialistes ont paru parfois en désaccord, ils ont fini tous par s'accorder en une résolution commune, adoptée par le Congrès, sans débat et à l'unanimité, qui forme désormais le pacte d'action réciproque et coordonnée des nations socialistes, de l'Internationale, contre le militarisme, contre les complots belliqueux du capitalisme et des gouvernements, contre la guerre.

Toutes les nations socialistes, ou sections nationales de l'Internationale, ont reconnu et déclaré : Que les forces prolétaires et socialistes organisées étaient devenues assez grandes pour agir efficacement, pour empêcher qu'en politique extérieure, comme en politique intérieure, le prolétariat restât à la discrétion, à la merci de ses maîtres et gouvernants.

Notre motion de Limoges et de Nancy, à cet effet, énumérait la série des moyens d'action depuis la simple agitation jusqu'à la grève générale et l'insurrection qui pouvaient, suivant le cas, l'un ou l'autre, devenir l'arme nationale et internationale employée par le prolétariat militant. Et nous disions aux représentants des autres pays : Que les circonstances, les faits, le degré de préparation nationale et internationale, non la décision d'un Comité quelconque, pouvaient faire que, de ces moyens divers, tel ou tel fût employé pour prévenir le danger de guerre et pour le salut commun.

Là encore il n'y eut de réel désaccord que pour la forme. En effet, l'énumération de certains moyens extrêmes : grève générale et insurrection, aurait suffi pour des poursuites judiciaires contre nos amis d'Allemagne. Aussi, d'un assentiment unanime, la sous-commission, adoptant comme base la rédaction du citoyen Jaurès à cet effet, transposait les moyens cités dans un exposé historique de leur emploi dans les luttes récentes du prolétariat. Et, là encore, le danger de nommer la grève générale et l'insurrection faisait leur substituer l'expression « combats de masse », dans le rappel des luttes de la révolution russe. Mais pour qu'il n'y eut aucune équivoque et pour que la prudence nécessaire n'atténuât pas le sens et la valeur de la résolution, mandaté par la Commission, le rapporteur, le citoyen Vandervelde, mentionnait expressément la grève générale et l'insurrection comme des moyens nécessaires de lutte du prolétariat qui ne pouvait ni ne voulait en exclure aucun.

Nous pouvons donc dire entière, notre satisfaction du résultat obtenu à Stuttgart qui met en activité pour une action efficace de défense et d'influence prolétaire, les forces de l'Internationale.

Et à ceux qui prétendent que l'Allemagne s'est réservée, à cette calomnie, nous pouvons, par les faits, répondre qu'il n'en est rien, qu'elle est partie au pacte conclu et est, dès maintenant, entrée, plus peut-être que toute autre, avec ardeur dans le mouvement, ainsi qu'en témoignent le procès de Karl Liebknecht et de grandioses manifestations populaires chaque jour.

Pour nous, socialistes français, ce résultat nous donne d'autant plus de satisfaction que nous le préparions depuis plus longtemps, qu'il était, pour nous, le résultat d'un long effort. Depuis deux ans, avant les résolutions de Limoges et de Nancy et enfin de Stuttgart, et concurremment, nous avions demandé au B. S. I. d'organiser, dans la mesure où il le pouvait, l'action internationale contre la guerre. C'est ainsi et surtout, que le Conseil National, par ses délégués, avait demandé, et le B. S. I. avait décidé, après consultation favorable des nations socialistes, que dès la menace de conflit, le B. S. I. — et la C. I. qui prit même décision, — se réuniraient aussitôt pour arrêter les mesures nationales et internationales d'action réciproque et concertée à exécuter par les prolétaires et socialistes, des pays concernés d'abord et aussi de tous les pays, pour la prévention et l'empêchement de la guerre.

Les motions de Limoges, de Nancy et de Stuttgart, conséquences nécessaires de cet antécédent organique, ont établi l'engagement, national pour nous et réciproque par toutes les autres nations socialistes, de cette action concertée qui ira toujours grandissante avec les forces et l'organisation de l'Internationale.

Ce pacte d'action internationale ouvre une ère nouvelle d'activité et de puissance socialiste. Nos ennemis ne s'y sont pas mépris. Aussitôt après Stuttgart, une campagne enragée de toutes les réactions, où les nationalistes et radicaux se sont confondus, se sont distingués, contre nous a commencé. La classe capitaliste et gouvernante ne peut envisager, sans crainte, que le moment approche où il ne lui sera plus possible de disposer à son gré du prolétariat, où elle ne pourra plus lancer les uns contre les autres les prolétaires des divers pays, pour enrayer leurs revendications et maintenir sa domination. La décision de Stuttgart pour le combat contre le capitalisme armé des forces de l'Etat, contre le militarisme et la guerre, a mis la bourgeoisie gouvernante et tous les gouvernements en fureur. Mais ils peuvent tenter ce qu'ils voudront, leur colère et leur répression ne peuvent qu'accélérer le mouvement.

L'autre question dont j'ai à vous parler est la question syndicale, celle des rapports entre les Syndicats et le P. S. Je ne faisais pas partie de la Commission.

Nos amis Laudier et Renaudel y représentaient la majorité française; et la motion de la majorité de Nancy et de Limoges n'y eut aucun succès. Dans les autres pays, des rapports d'union existent entre le P. S. et les Syndicats; et la Commission ne pouvait dans sa conclusion que le constater. C'est ce qu'elle fit dans une résolution qui n'est pas en contradiction avec la nôtre, puisqu'elle propose un but qui nous est commun : la combinaison des efforts du prolétariat syndicalement et politiquement organisé pour son émancipation, mais qui se différencie de la nôtre en ce qu'elle expose, comme moyen, l'établissement de rapports immédiats, alors que la nôtre, tenant compte du refus de la C. G. T. de ces rapports officiels, ne vise l'accord ultérieur que comme le résultat d'une volonté ultérieure réciproque et spontanée et ne veut à aucun prix qu'il se fasse jamais par volonté unilatérale, par contrainte, par subordination ou ingérence de l'une ou l'autre des deux organisations prolétaires françaises, la C. G. T. et le P. S.

Or, l'Internationale et ses Congrès se proposent la coordination des efforts des prolétariats de tous les pays, non l'imposition à l'un d'eux des volontés des autres, indépendamment des conditions et évolutions particulières qui ont pu amener une situation différente.

Pour garder, donc, pour nous, la liberté d'application des règles dictées par notre situation, et tracées par les résolutions de Limoges et de Nancy, il nous suffisait de marquer les différences de l'évolution en France et dans les autres pays, par une déclaration qui nous réservât, ainsi, cette liberté, c'est-à-dire l'application des résolutions de nos Congrès nationaux, qui restent évidemment pour nous la loi, jusqu'à ce qu'un autre Congrès national les ait revisées, et qui restent d'autant mieux la loi des rapports entre le P. S. et la C. G. T., qu'elles ne s'opposent pas, comme je viens de l'expliquer, à la résolution internationale, mais seulement s'en différencient suivant les conditions différentes de l'évolution des rapports syndicaux et socialistes dans notre pays.

Mandatés par nos amis, les délégués à la Commission proposèrent au rapporteur, le citoyen Beer, avec qui j'entrai en négociation à cet effet, ainsi qu'avec le Bureau, que le Congrès prît acte, dans ces conditions, de notre déclaration, c'est-à-dire de la situation particulière que son évolution particulière faisait à la France.

Le citoyen Beer m'ayant dit que « prendre acte » pour lui voulait dire faire voter par le Congrès, il ne pouvait demander au Congrès un vote qu'en ajoutant à notre rédaction le mot « présentement » ; ce qui, à son sens, seul, le lui permettait. Mes amis de la majorité ayant refusé cette addition, je lui dis que, pour nous, nous n'attachions aucune importance aux mots « prendre acte », que nous les retirions, ne tenant aucunement à un vote que nous n'avions pas même prévu, qu'une simple communication au Congrès nous suffisait pour que, le Congrès l'enregistrant ainsi, notre réserve fut effective; qu'ainsi d'ailleurs nous pouvions, comme nous le voulions, éliminer de notre texte le mot « présentement » qu'il y avait inséré.

Après les explications au Congrès du citoyen rappor-

teur Beer. j'eus la parole et exposai les faits et les raisons
dont je viens de vous faire le résumé t que résumait
notre déclaration dont j'expliquai la valeur de réserve
nous permettant. en France. de laisser s'établir. suivant
les décisions de Limoges. de Nancy et d'Amiens. le développement des rapports de la C. G. T. et du P. S. vers
l'accord ultérieur. J'avais dit la déclaration. je l'avais
expliquée. et le citoyen Sembat la lut ensuite. sans que.
lorsque je faisais cet exposé et lorsque le citoyen Sembat
lut la déclaration, aucune protestation ou contradiction
se fit entendre.

Il en résulte que, par cette déclaration. cette réserve.
nous avons maintenu notre droit et devoir d'application
des résolutions de nos Congrès nationaux de Limoges et
de Nancy. relativement aux rapports des Syndicats et du
P. S. en France. relativement aux rapports du P. S. et de
la C. G. T.

RÉPONSE DU CITOYEN CAMBIER

Lors de la réunion plénière des délégués de la Fédération de la Seine aux Congrès de Nancy et de Stuttgart qui avait pour objet de désigner les camarades qui seraient chargés de vous présenter aujourd'hui, au nom de la délégation française, un compte rendu de ces deux Congrès, j'ai déclaré qu'il me paraissait inutile, et peut-être dangereux, qu'il y eut deux rapports : un de la majorité et un de la minorité.

Je pensais que, depuis que le Congrès international de Stuttgart s'était prononcé sur les questions qui nous divisaient à Nancy, il ne devait plus y avoir sur ces questions ni majorité, ni minorité, mais unanimité pour prendre les mesures nécessaires à l'application des résolutions de l'Internationale. Pour dire ce qui s'est passé à Nancy et à Stuttgart, il n'est pas besoin de plusieurs délégués, il n'y a pas de commentaires à faire, il y a des faits à signaler, des résolutions à faire connaître. Ces faits, ces résolutions appartiennent aujourd'hui à l'histoire socialiste, nul n'a le droit de les dénaturer et un délégué, s'il est impartial, vous les présentera toujours sous le même aspect, qu'il soit de la majorité ou de la minorité.

Cette manière de voir a été partagée par l'unanimité des délégués présents à la réunion dont je viens de vous parler, et c'est sur ma proposition que le citoyen Sembat fût désigné pour faire le compte rendu de Stuttgart, et le citoyen Groussier celui de Nancy, au nom de l'ensemble de la délégation française, bien que ces deux délégués appartinssent l'un et l'autre à la majorité. Je suis heureux de constater qu'ils se sont acquittés avec talent et impartialité de la tâche qui leur était confiée.

Mais, voilà que, contre toute prévision, notre camarade Vaillant monte à cette tribune et nous fait un compte rendu si tendancieux que, malgré la très grande admira-

tion que j'ai pour son caractère et son passé de militant,
je suis obligé de protester contre ses déclarations qui me
paraissent absolument inexactes. Je regrette très sincèrement que mon mandat de délégué de la minorité de la
Seine aux Congrès de Nancy et de Stuttgart me mette
dans l'obligation de formuler cette protestation; mais je
trahirais les camarades qui m'ont confié ce mandat si je
me dérobais à mon devoir et si je ne venais essayer de
rétablir les faits tels qu'ils se sont passés à Stuttgart.

Je n'abuserai pas de la parole, je me contenterai de répondre à notre camarade Vaillant sur un seul point, c'est
le seul, d'ailleurs, où je sois en complet désaccord avec lui,
et si après cet échange d'explications, le moindre doute
subsistait, il serait facile de faire appel au Bureau Socialiste International et de lui demander quelle est la version
la plus conforme à la vérité.

Notre camarade Vaillant vient de vous dire qu'une déclaration avait été introduite, à la demande de la majorité de la délégation française, dans le rapport de notre
camarade Beer sur les relations entre les Syndicats et les
partis politiques; et que, grâce à cette déclaration, la motion de Nancy demeurait tout entière et devenait la règle
de notre action dans les rapports entre les Syndicats et le
Parti. C'est, d'après le citoyen Vaillant, une exception que
l'Internationale a faite en notre faveur en égard aux conditions toutes spéciales dans lesquelles la France se
trouve. La motion, il vous l'a dit très nettement, ne s'appli-
que pas à notre pays. Nous ne sommes pas appelés à bé-
néficier des résolutions de l'Internationale.

Eh bien ! camarades, j'affirme ici, au nom de la minorité de la Fédération de la Seine :

1° Qu'aucune déclaration de la majorité de la délégation française n'a été introduite dans le rapport du
citoyen Beer sur les relations entre les Syndicats et le
Parti Socialiste. Beer a, au contraire, déclaré que le Congrès n'avait pas à statuer à ce sujet. Il n'a parlé de cette
déclaration que pour la repousser ;

2° Que nulle exception n'a été faite en faveur de la
France, bien que cette exception ait été réclamée avec in-
sistance dans le sein de la Commission par les délégués
Renaudel et Laudier. C'est à la presque unanimité que
la Commission s'est prononcée contre toute exception,

omme l'indique le compte rendu officiel imprimé et signé
de Laudier lui-même :

3° Que la majorité de la délégation française a renoncé
à demander un vote sur sa déclaration et l'a retirée du Bureau après que le rapporteur Beer et Troëlstra l'eurent
combattue ;

4° Qu'avant le vote sur la motion autrichienne, le citoyen Sembat se borna simplement à donner lecture de
cette fameuse déclaration au nom de la majorité de la
délégation française afin qu'elle puisse figurer au compte
rendu sténographique officiel du Congrès.

C'est cela que notre camarade appelle enregistrer ! le
Congrès a enregistré ! ! Parbleu ! il a enregistré tout ce
qui a été dit, ceci comme le reste. Il ne peut pas en être
autrement, et le compte rendu doit évidemment reproduire toutes les déclarations faites : mais il n'y a pas, que
je sache, un mode d'enregistrement spécial à l'usage de
nos camarades de la majorité de la délégation française.
C'est donc au nom de 11 voix de cette délégation que
Sembat a déclaré, avant le vote sur la motion autrichienne, que dans la France, l'évolution des rapports entre
les organisations syndicales et politiques de la classe ouvrière a subi un cours différent et que l'indépendance réciproque et l'autonomie du Parti Socialiste et de la C. G. T.
sont une condition nécessaire de leur développement, de
leur action et de la possibilité ultérieure d'un rapprochement spontané. Cette opinion n'a pas été partagée par l'Internationale.

En effet, quand on mit aux voix la proposition de l'Autriche, qui n'avait trouvé d'opposition que parmi quelques
délégués français, elle fut adoptée par 222 voix et demie, et
seules, les 11 voix de la majorité française, plus 3 voix
de l'Italie et 4 voix et demie des délégués du Labour
Party américain, se prononcèrent contre. Encore faut-il
remarquer que ces derniers votèrent contre, non parce
qu'ils partageaient l'avis de nos camarades de la majorité
française, mais parce qu'ils proposaient un contre-projet
dans lequel il était dit d'excellentes choses, entre autres
ceci : « La neutralité d'un Parti Socialiste à l'égard des
Syndicats serait équivalente à la neutralité de ce même
Parti à l'égard des menées de la classe capitaliste ».

Voilà, citoyens, dans quelle mesure l'opinion de la
majorité de Nancy est partagée par l'Internationale, 222

voix et demie contre 11. Ces chiffres sont plus éloquents que tous les discours.

Je n'avais pas l'intention de prendre la parole et d'insister sur cette défaite, d'abord parce que cela peut sembler manquer de générosité et ensuite parce qu'entre nous, militants, qui combattons côte à côte pour la réalisation d'un même idéal, il ne doit y avoir ni vainqueurs ni vaincus. Mais vous comprendrez tous, même ceux d'entre vous qui ne partagent pas ma façon de voir, qu'après les paroles prononcées à cette tribune par notre camarade Vaillant, je ne pouvais garder le silence sans faillir au mandat qui m'avait été confié.

Je tiens aussi à vous signaler les dangers que pourrait courir notre Parti s'il suivait l'avis de ceux qui lui conseillent d'appliquer la motion de Nancy sans se préoccuper de celle de Stuttgart qui l'annule. Prenez garde, camarades, si vous écoutiez favorablement cet appel à la désorganisation, vous frapperiez de nullité toutes les décisions des Congrès passés et futurs, même celles auxquelles vous tenez le plus, celles qui ont servi de base à notre unité. Celles de Paris, d'Amsterdam, de Zurich, de Bruxelles, etc., deviendraient sans effet, vous ne pouvez admettre raisonnablement qu'une résolution votée par la majorité ne soit valable pour la minorité que selon son bon plaisir.

Si vous méconnaissez aujourd'hui l'autorité du Congrès international, de quel droit pourrez-vous, demain, demander à une Fédération départementale d'appliquer une résolution d'un Congrès national lorsque les délégués de cette Fédération se seront trouvés dans la minorité à ce Congrès. Ne craignez-vous pas que tout à l'heure, dans cette salle, quelque délégué de section mis en minorité lise, lui aussi, sa petite déclaration et prétende que cela suffit pour soustraire sa section au devoir d'appliquer les décisions de votre Congrès fédéral. Les groupes eux-mêmes pourraient suivre cet exemple en refusant de s'incliner devant les décisions de la section ; enfin, les militants réclameraient, eux aussi, le droit d'agir à leur guise. Ce serait l'autonomie des individus, l'autonomie des cellules, l'anarchie, la décomposition et la mort.

Eh bien ! non, cela ne sera pas, nous sommes organisés internationalement, nous sommes soumis à une discipline librement consentie, et cette discipline nous fait un devoir étroit de respecter les décisions de l'Internationale sous peine de nous placer nous-mêmes hors de cette Internationale.

Je ne sais si nos camarades de la majorité de la Seine ont envisagé cette éventualité : quant à nous, nous déclarons hautement que nous respectons les décisions des Congrès internationaux qui jugent en dernier appel et que nous considérons comme non avenue la décision du Congrès de Nancy relative aux rapports des Syndicats et du Parti Socialiste parce que cette résolution est annulée par celle de Stuttgart.

Nous demandons, avec le Congrès international, à la Section Française, afin qu'elle puisse remplir plus efficacement sa double mission d'organisation économique et d'action politique, de créer entre les Syndicats et le Parti des relations de plus en plus étroites et permanentes pour que ces deux organismes puissent enfin marcher la main dans la main à la conquête du pouvoir politique.

Cette conquête permettra au prolétariat conscient de sa force et de son devoir de classe de se rendre maître de toutes les sources et moyens de production et d'échange.

Si, menacée dans ses monstrueux privilèges, la bourgeoisie essayait de briser sa propre légalité, il faut qu'elle trouve devant elle un Parti de classe assez uni, assez organisé, assez fort pour pouvoir profiter de la situation révolutionnaire ainsi créée et précipiter, par tous les moyens, la ruine de l'odieux régime capitaliste.

L'Émancipatrice, 3, rue de Pondichéry, Paris. — 1911 11-07.

AU LECTEUR

La Fédération de la Seine est constituée par l'ensemble des sections de ce département.

Ces sections sont formées des groupes d'un même arrondissement de Paris ou d'un même canton de la banlieue.

Les sections de Paris se composent le plus souvent d'un groupe par quartier.

Il y a 20 sections pour Paris correspondant aux 20 arrondissements et 21 pour la banlieue à raison de une par canton.

Les groupes se réunissent ordinairement une fois par semaine et les sections une fois par mois. Les convocations paraissent dans le journal l'*Humanité*.

La cotisation est généralement de 0 fr. 50 par mois.

Lecteur,

Si tu es heureux de ton sort, si tu crois que tous les gouvernements bourgeois y compris bien entendu ceux de nuance dite républicaine, s'intéresseront à ton sort, à celui des tiens, enfants ou vieux parents.

Reste isolé !

Si, au contraire, tu désires hâter ton émancipation intégrale et, dans cette attente impatiente, tu ne veux pas que tes descendants souffrent tout ce que tu as souffert dès ton adolescence, si tu songes au lendemain,

Adhère à ton Syndicat.

Adhère au Parti Socialiste.

(Section française de l'Internationale Ouvrière)

Adhère à la Coopérative.

En te joignant à l'armée prolétarienne, syndicale, politique, coopérative, tu précipiteras l'heure de ta délivrance.

Sache que l'émancipation des travailleurs doit être l'œuvre des travailleurs eux-mêmes.

Laisse les pleutres, les jaunes, les lâches à leur indifférence, à leur platitude !

TOI, FAIS TON DEVOIR !

Le Secrétariat.

www.ingramcontent.com/pod-product-compliance
Ingram Content Group UK Ltd.
Pitfield, Milton Keynes, MK11 3LW, UK
UKHW021646090726
13657UKWH00004B/1785